BIBLIOTHÈQUE-LEDUC

à Madame C. VINOT
Professeur au Conservatoire

ÉCOLE DE STYLE

LEÇONS MANUSCRITES

DE SOLFÈGE

À CHANGEMENTS DE CLÉS AVEC ACCOMPAGNEMENT DE PIANO

Autographiées de l'Auteur

PROGRAMME DES ÉLÈVES-CHANTEURS

EDITION A. — *Voix de femmes* : Clés de sol 2ᵉ, Fa 4ᵉ, Ut 1ʳᵉ, Ut 3ᵉ lignes.
EDITION B. — *Voix d'hommes* : Clés de sol 2ᵉ, Fa 4ᵉ, Ut 4ᵉ lignes.

1ᵉʳ LIVRE : 20 *Leçons*
2ᵉ LIVRE : 20 *Leçons*

PAR

HENRI BÜSSER

Professeur au Conservatoire de Musique, Chef d'Orchestre de l'Opéra

CHAQUE LIVRE, PRIX : 4 FRANCS NET

Les mêmes, sans Accompagnement (1ᵉ 2ᵉ in-8),
Autographiées de l'Auteur
Chaque Livre, Prix : 1 *franc net*

ALPHONSE LEDUC

EMILE LEDUC, P. BERTRAND et Cⁱᵉ
ÉDITEURS DE MUSIQUE
3, Rue de Grammont, PARIS

Tous droits de reproduction et d'exécution réservés

Copyright 1906, by Emile Leduc, P. Bertrand et Cⁱᵉ

Nᵒ 198

A Madame C. VINOT
Professeur au Conservatoire

ÉCOLE DE STYLE

LEÇONS MANUSCRITES
DE SOLFÈGE
A CHANGEMENTS DE CLÉS AVEC ACCOMPAGNEMENT DE PIANO
Autographes de l'Auteur

PROGRAMME DES ÉLÈVES-CHANTEURS

ÉDITION A. — *Voix de femmes* : Clés de sol 2ᵉ, Fa 4ᵉ, Ut 1ʳᵉ, Ut 3ᵉ lignes.
ÉDITION B. — *Voix d'hommes* : Clés de sol 2ᵉ, Fa 4ᵉ, Ut 4ᵉ lignes.

1ᵉʳ LIVRE : *20 Leçons.*
2ᵉ LIVRE : *20 Leçons.*

PAR

HENRI BÜSSER
Professeur au Conservatoire de Musique, Chef d'Orchestre de l'Opéra

CHAQUE LIVRE, PRIX : **4** FRANCS NET

Les mêmes, sans Accompagnement (fᵗ gᵈ in-8).
Autographes de l'Auteur
Chaque Livre, Prix : **1** *franc net.*

ALPHONSE LEDUC

ÉMILE LEDUC, P. BERTRAND ET Cⁱᵉ
ÉDITEURS DE MUSIQUE
3, Rue de Grammont, PARIS

Tout droits de reproduction et d'exécution réservés
1908

TABLE

PREMIER LIVRE

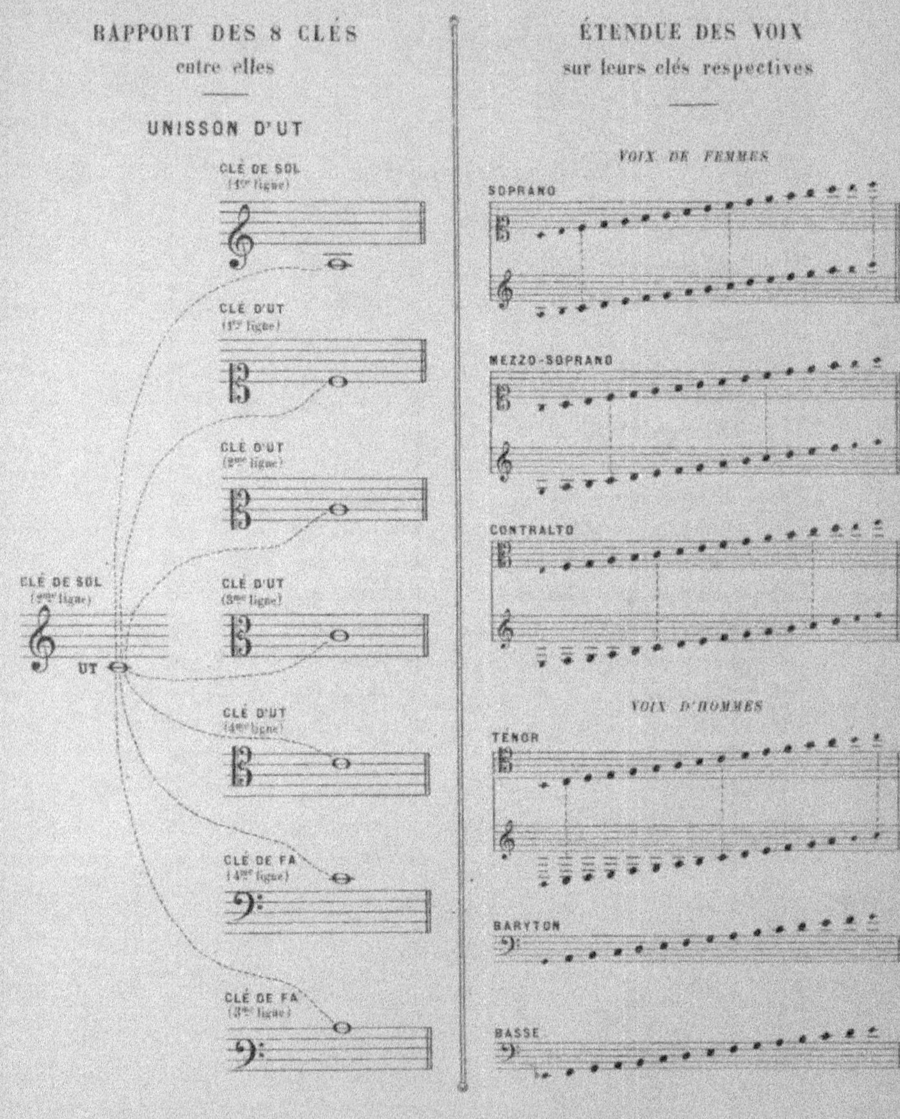

RAPPORT DES 8 CLÉS
entre elles

UNISSON D'UT

ÉTENDUE DES VOIX
sur leurs clés respectives

CLÉ DE SOL
(1re ligne)

CLÉ D'UT
(1re ligne)

CLÉ D'UT
(2me ligne)

CLÉ DE SOL
(2me ligne)

CLÉ D'UT
(3me ligne)

UT

CLÉ D'UT
(4me ligne)

CLÉ DE FA
(4me ligne)

CLÉ DE FA
(3me ligne)

VOIX DE FEMMES

SOPRANO

MEZZO-SOPRANO

CONTRALTO

VOIX D'HOMMES

TENOR

BARYTON

BASSE

A Madame G. VINOT, Professeur au Conservatoire

LEÇONS MANUSCRITES
DE SOLFÉGE
A CHANGEMENTS DE CLÉS
Programme des Élèves Chanteurs

1er Volume

20 LEÇONS
(Voix d'Hommes)

Henri BÜSSER

N° 1

Paris, ALPHONSE LEDUC (Emile Leduc, P. Bertrand & Cie)   A.L.14,028.

Suivez.
A tempo.
p
Ped. (chaque mes.)
Cresc. poco a poco.
rall.
Rall.
mf
p
p
A.L. 15.025.

No 2
Allegretto vivo
p Legg.
Allegretto vivo (132 à 140 = ♪.)
mf Legg.
Dim.
p
Sans Ped.
cresc.
mf
p
cresc.
f
A.L.14,028.

p espressivo
cresc. poco
p
Con Ped.
Cresc. poco.
mf
p
mf
p
mf
p
cresc. poco
mf
p
p
sf
sf
p
p
sf
sf
p

p legg.
p legg.
cresc.
p
f
f

Nº 3
Modᵗᵒ (♩ = 72)
f. marcato
Moderato (72 = ♩)
Très rythmé.
f. Marcato.
mf
Ped. (chaque mes.)   ✳ Ped ✳
fz
p (écho)
pp
pp

s
mf
p écho
pp

mf
3
f
Dim. poco a poco.
rall.
Rall.
p
pp
8e
2 Ped.

N.º 4

poco rit.
a t.
En dehors
Suivez.
mf
poco rit.
a t.
dim.
mf
p
rit.
a t.
espressivo
Suivez.
A tempo.
pp
p
Con Ped.
A.L.14,028.

Cresc.
p legato
p Cantando.
p > rall.
p >
p >
p >
Suivez.
dim.
pp
pp
N° 5
And^no (♩.=92)
p grazioso
Andantino (92=♩)
p
p
mf
mf

poco
poco.
P Sost.
Con Ped.
più
mf
p
Sans Ped
P
P
p
p

rit. poco a poco
Suivez.
a t°.
A tempo.
Con Ped
rall.
Rall.
Lento
Lento.
A.L.14.028.

N° 6
And.te (♩=72)
dolce espressivo
Andante (72 = ♩)
p
p
p
pp
En dehors.
p
Cresc.
Ped.   * Ped.   * Ped   * Ped   *
cresc.
dim. 3
f
A.1.14,020e

poco cresc.
Dolce.
Poco cresc.
p
Cresc.
pp
Sans Ped
mf
dim.
p
Ped.
mf
dim.
p. a p.
mf
Dim. poco a poco.
p.
p.
p.
poco rit.
a t?
p
legato
a tempo.
p
Suivez.
p
Dolce.
p

espressivo
cresc.
mf
f
dim.
poco rallent ... dim.
p
p   Suivez.
Dim.
pp
pp
N° 7   allᵗᵒ modᵗᵒ (♩=104)   mf
Allegro moderato.
f Très rythmé.
mf
f
mf
f

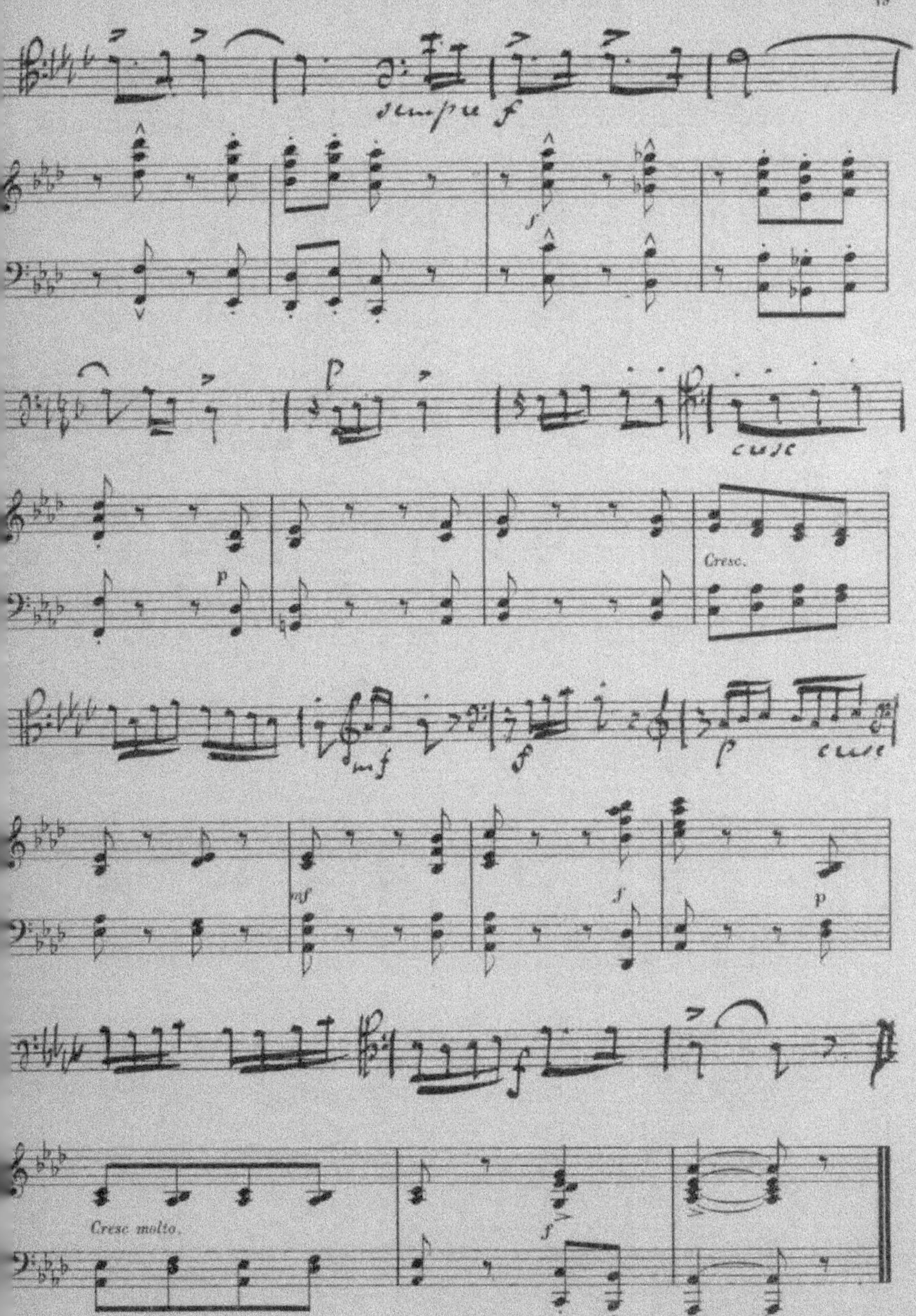
sempre f
Cresc.
mf
f
p
cresc
mf
f
p
cresc
Cresc molto.
f

N° 8
Vivo (♩. = 96)
p legg
Vivo (96 = ♩.)
mf legg.
Dim.
p
p
cresc.
Cresc.
mf
Ped.
Ped.

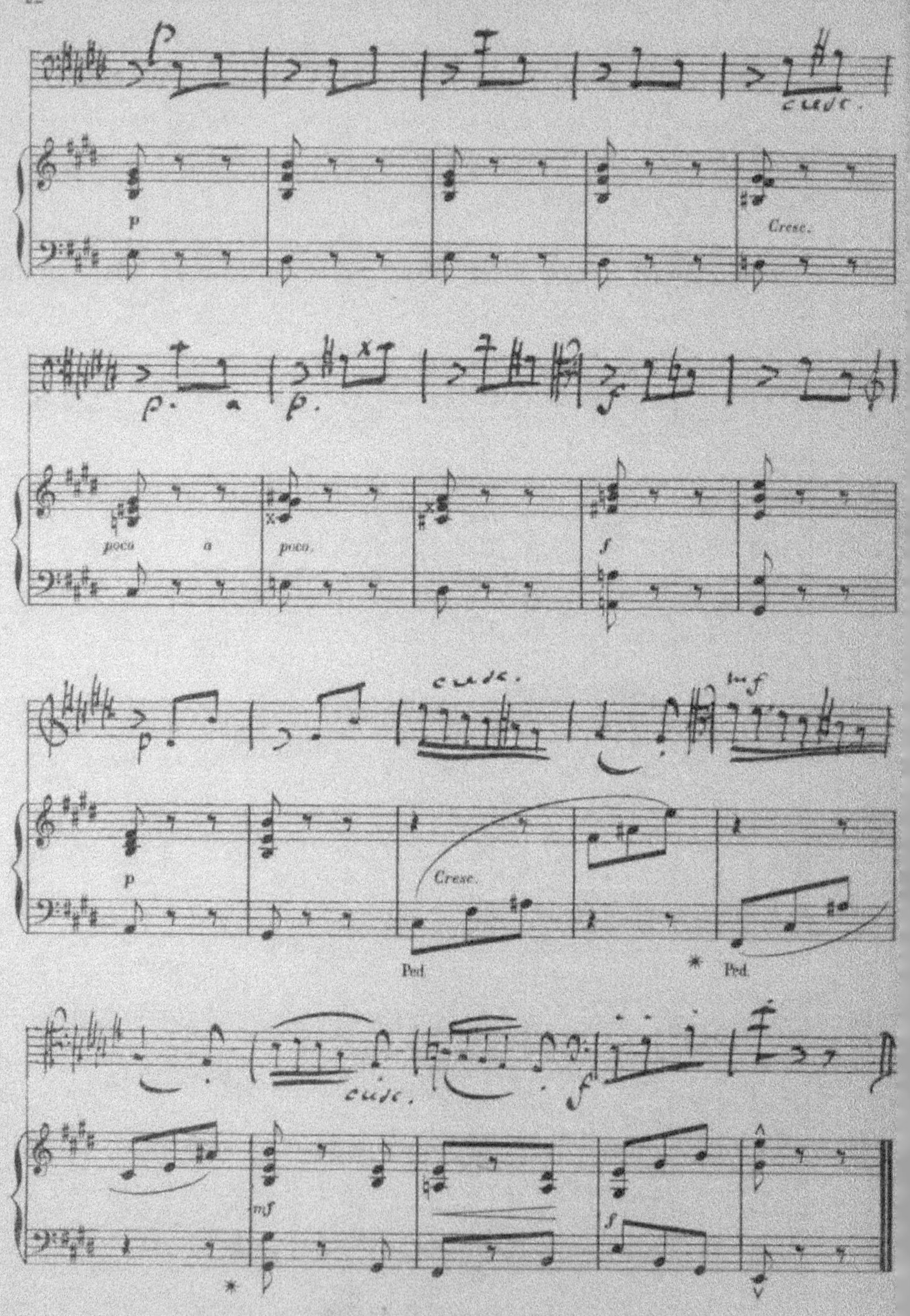
cresc.
Cresc.
p
poco a poco.
p
Cresc.
Ped.
Ped.
mf
p
cresc.
mf
f

N° 9
Andte espressivo (♩.=72)
P
Andante espressivo (72 = ♩.)
Sostenuto.
p
p
Un peu en dehors et expressif.
p
mf
p
p
cresc.
Dim.
p
mf
p
p
mf
p
p
mf
p
mf
p
p
poco.

24
cresc.
mf
p
Cresc.
mf
tr
p
mf
cresc.
p
p
Cresc.
tr
p
mf
p
p
mf
nf
A.1.34,028.

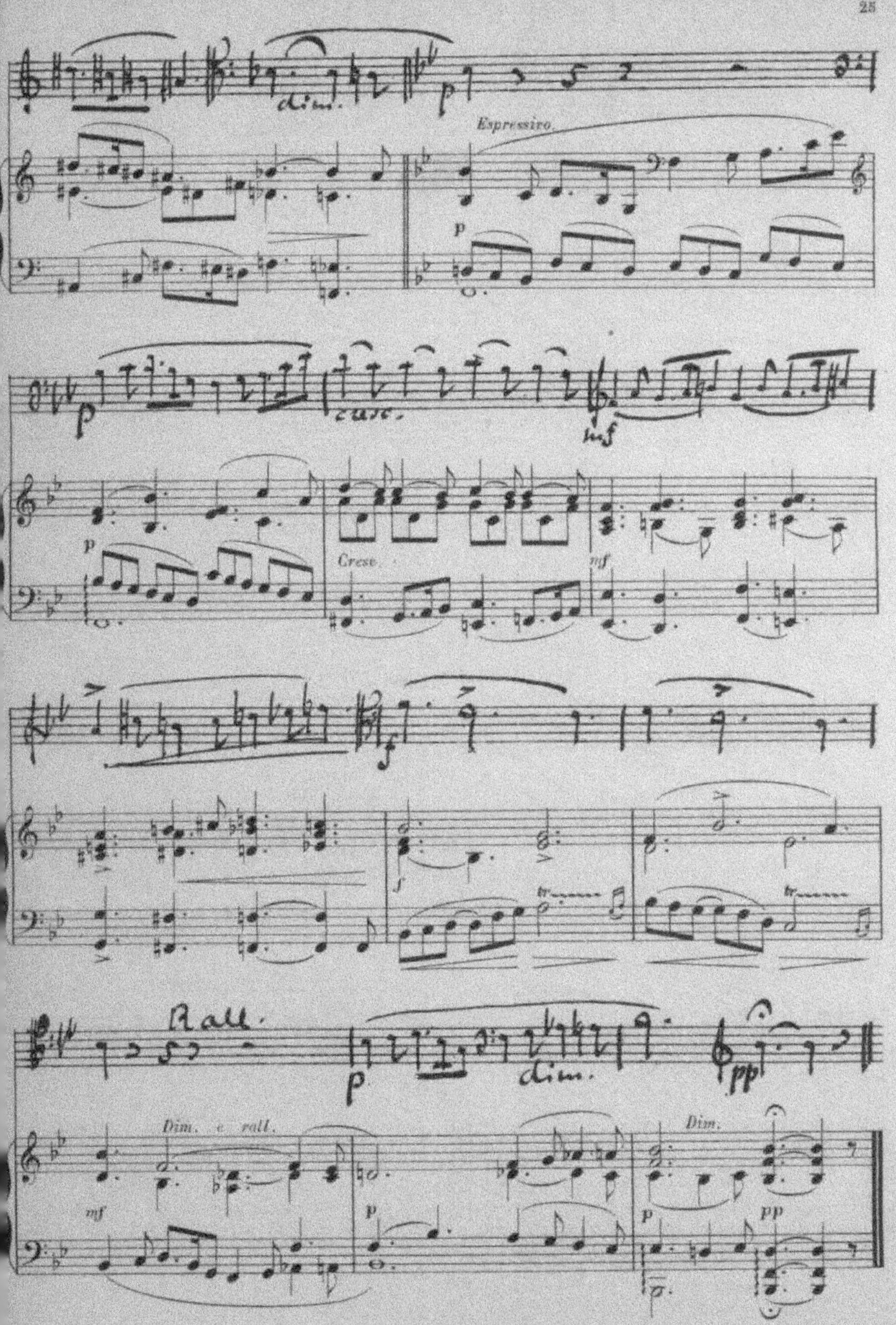
dim.
Espressivo.
p
p
e dolc.
Cresc.
mf
mf
p
Rall.
p
dim.
pp
Dim. e rall.
mf
Dim.
p
pp
p
pp

N° 10

Andantino cantabile
Andantino cantabile (♩ = ♩)
p sust.
p
cresc.
p sust.
p
dim.
Dim.
pp
pp
cresc. poco
Cresc. poco
mf
mf
p

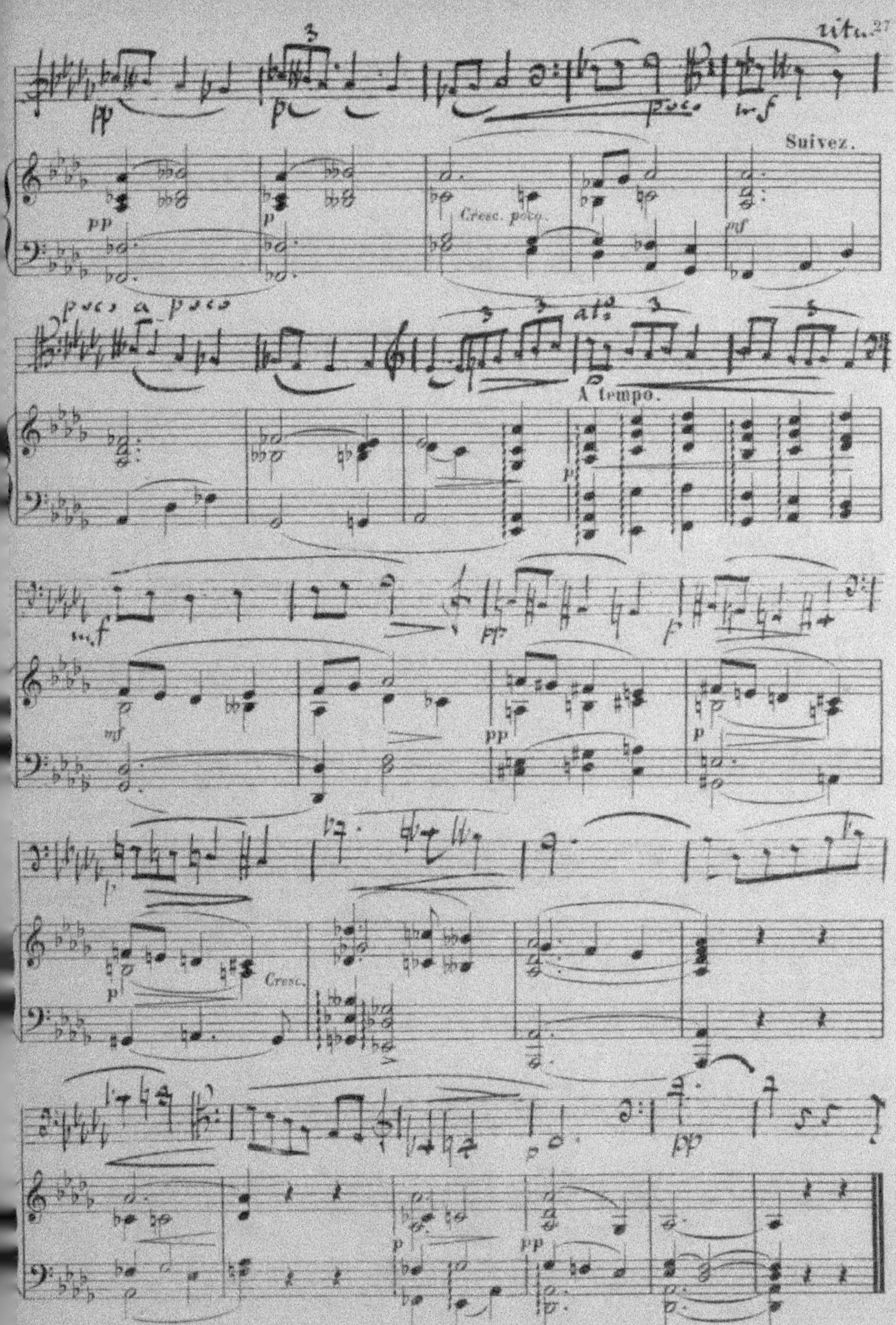

rita. 27
Suivez.
Cresc. poco.
A tempo.
poco a poco
A.L.14,028.

Nº 11

Moderato quasi andante (76 = ♩.)
p
Con Ped.
Ped.
Ped.
poco
Ped.
Sost.
Dim.
pp
p
Ped.
Ped.
Ped.
Ped.

29
mf
Cresc.
mf
p
Sost.
Ped
Ped
Ped
dim.
12/8
Dim.
2/4
4/4
(♩.=80) Poco animando
Poco animando.
p
mf
f
p
Cresc.
poco
a
poco.
Ped
f
p
Dim.
Ped
Ped

rit. poco a poco
Suivez.
Dim.
p
Ped
Poco animando.
poco animando
Cresc. poco a poco.
pp
2 Ped
rall.
mf
f
p
Suivez.
Ped
rit.
mf
Rit.
pp
Ped

a tempo
dolce
A tempo. 1º
pp
Con Ped.
poco
p
Dim.
Ped.
Ped.
Sost.
rall.
poco
poco
poco
pp
Suivez.
ppp
Ped.
poco riten.
A tempo.
Poco rit.
pp
ppp
pppp
Con Ped.

N° 12
Andantino poco allegretto (100 = ♩.)
Expressif.
mf
Un peu en dehors.
mf sost. e legato.
p
p
p
mf
p
poco.
mf
p
Dim.
p
Cresc.
mf
En dehors.
A.L.14.028.

dim.
p
p subito.
Cresc.
mf
mf
Rit. molto.
A tempo.
p
p
Dim.
pp
sost.
cresc.
mf
dim.
p
P ad lib.
poco. mf
Dim.
p
rit. p. a p
dim.
pp
Rit. e dim. poco a poco.
pp

Nº 13
all: mod: (♩=126)
Allegro moderato (126 = ♩)
p
mf legg.
p
pp
p
p
cresc.
Cresc.
mf
A.L.14,928.

dim.
Dim.
p
Cresc.
mf
mf
dim.
P
Dim.
pp
Cresc.
Cresc.
f

N.º 14
Molto mod.to
(♩ = 60)
p
Molto moderato (60 = ♩)
p   Misterioso.
pp Una corda sempre.
Ped.
mf
p
mf
p
Ped.
Ped.
pp
pp
cresc.
mf
mf
3/4
3/4
3/4

ad lib.

pp
p
poco
pp
8
mf
dim.
mf
p
Ped.
Ped
Ped
mf
p
pp
Ped.
poco
Ped
p
mf
pp
p
mf
Ped.
Ped

p
Ped
Ped
P
pp
f
Dim. poco a poco.
Ped
Ped
rall.
ad lib.
p
P
P Rall.
p
Ped
pp
Ped
dim.
pp
Dim.
pp
Ped

N° 15
Andantino (88 = ♩.)
p
Con Ped. (chaque mes.)
Cresc.
Cresc.
Dim.
p
dim.
p
p
p
p

41
A.L.14.028.

Nº 16
Vivo (♩ = 120)
Vivo (120 = ♩)
f
mf Legg.
mf
p
f
p
cresc. p. a p.
Cresc. poco a poco.

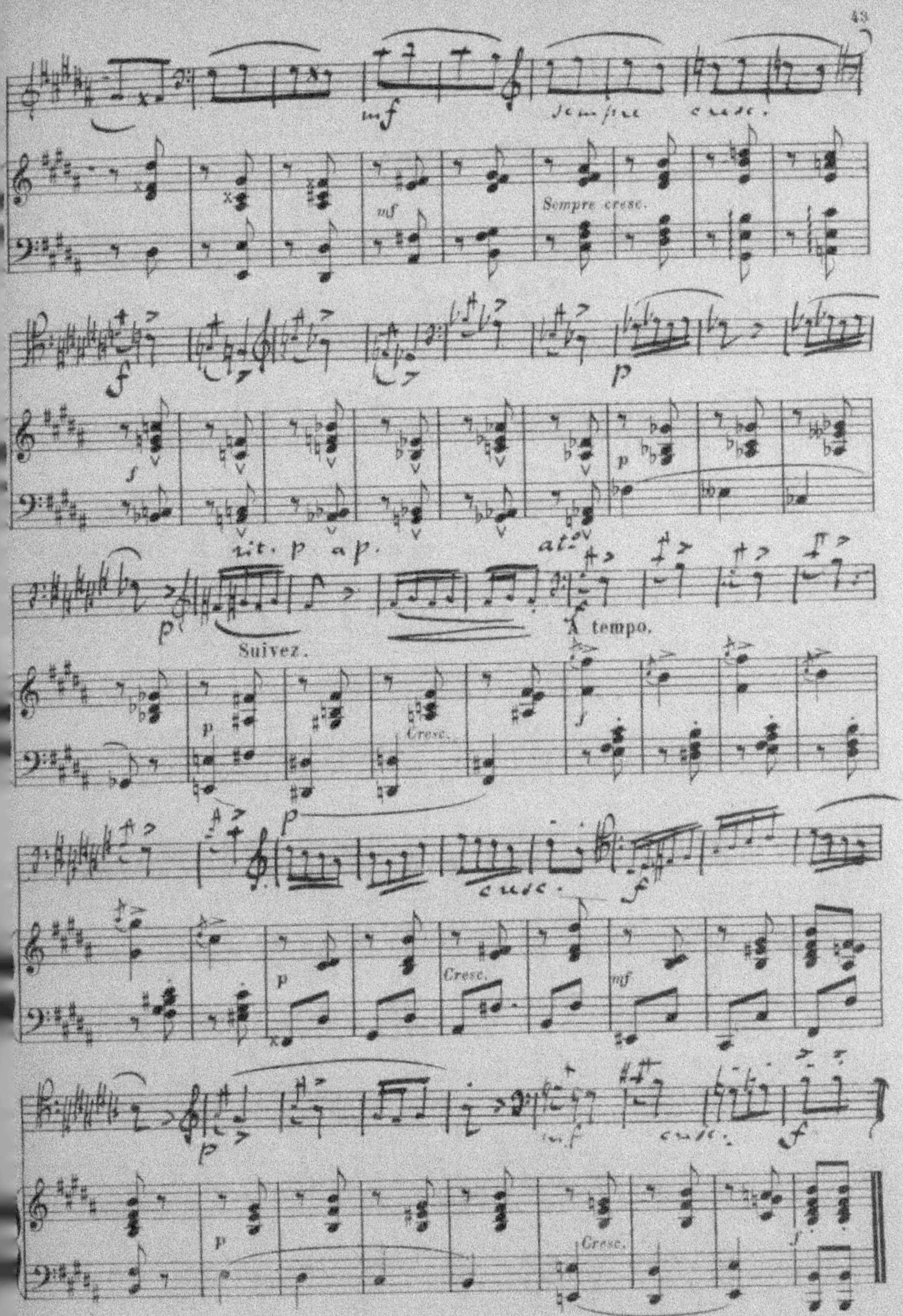

mf
Sempre cresc.
Sempre cresc.
f
p
rit. p a p.
Suivez.
A tempo.
p
Cresc.
f
A tempo.
p
Cresc.
f
cresc.
p
Cresc.
mf
mf
Cresc.
f

N° 17
Poco lento (♩=72)
Poco lento (72=♩)
mf
p espessivo
mf
mf
Dim.
p
p
dolce
p
Dim.
pp
Cresc.
p
Dolce.
Ped
Ped
mf
poco.
Dim.
p
Ped.
Ped.
Ped.
Ped.
Ped.
pp
mf
Con Ped. sempre.

poco rit. a t?
Poco riten.
A tempo.
Dim.
pp
Suivez.
En peu en dehors.
Con Ped.
poco
poco
dim.
rall.
rall. dim.
p Suivez.
pp
pp
2 Ped.
A.1.14,028.
45

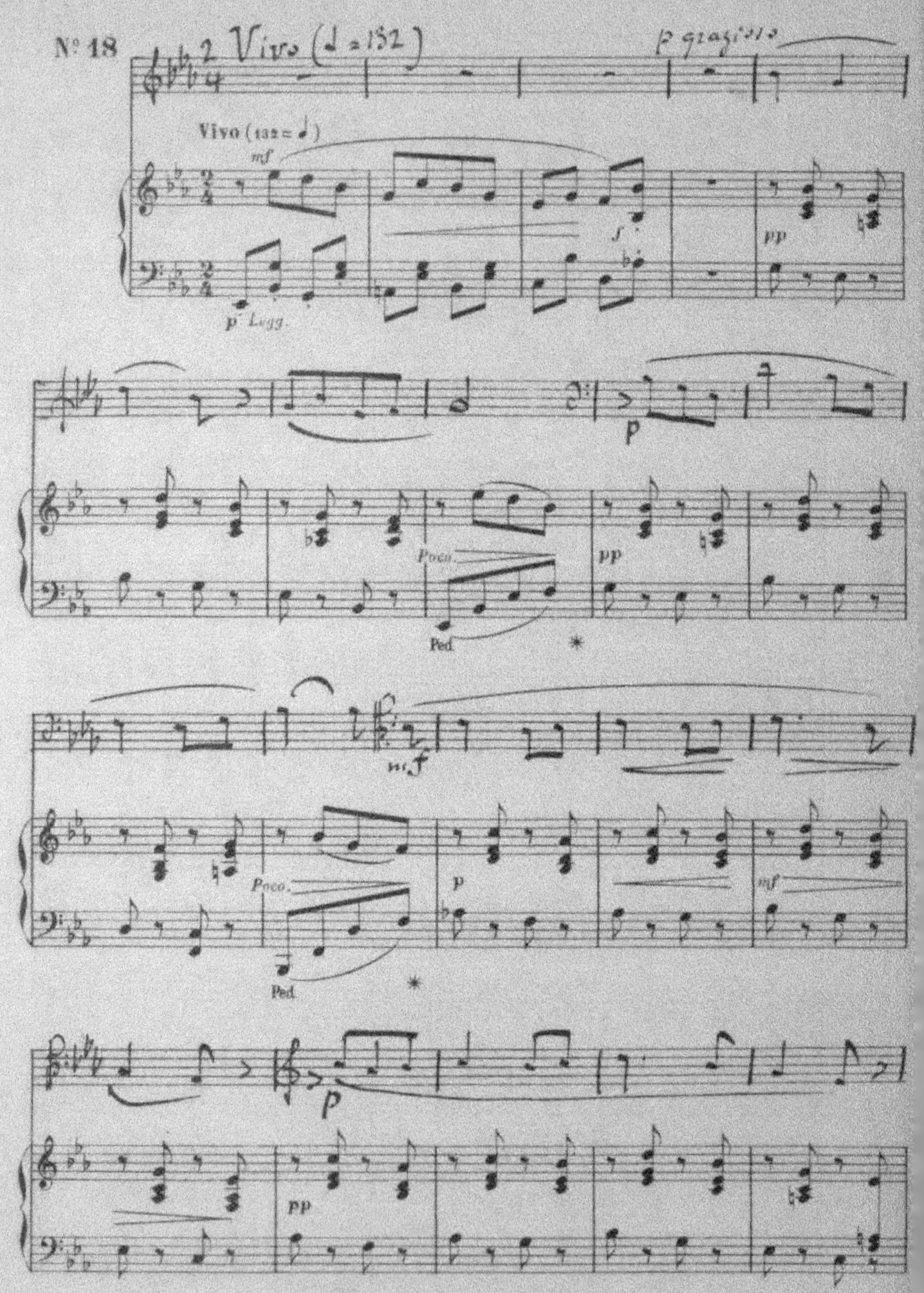
Nº 18
Vivo (♩=132)
p grazioso
Vivo (132 = ♩)
mf
p. Legg.
f
pp
p
Poco.
pp
Ped.
mf
Poco.
p
mf
Ped.
p
pp

p
p
p
Ped.
Ped.
mf
p
Ped.
A tempo.
p
mf
Suivez.
Ped.
Ped.
f
Vivo.
mf
p Legg.
f

pp
mf
mf
Ped
p
mf
mf
p
Ped
p
Ped
p

Ped
P
Cresc.
mf
Ped
(b)
f
poco rit.
Ped
Ped
f
ad.
A tempo.
p
poco ritn.
p
p
pp   Suivez.
A tempo vivo.
p
Cresc. molto.
f

N° 19
Andante espressivo poco adagio (♫=♩.)
p
dolce
p
p
Legato e sost.
mf
(ad lib.)
f
mf
f
mf
p
dolce
p
p
mf
p
mf

p
P ad lib.
mf
dim.
Dim.
mf
Molto tranquillo.
Poco rit.
Poco rit.
Suivez.
p
(ad lib.)
poco
mf
p
dim
p
Dim.
p
pp
ppp

N°20

83
p
poco
p
p
poco
Ped
p
Dim.
p
mf
f
mf
f
Ped.
Ped.
A. L. 14,028.

54
p
p
(t)
p
p
cresc.
mf
f
mf
f
Ped.
p
p
Dim.
dim.
p
p
A.L.14,028.

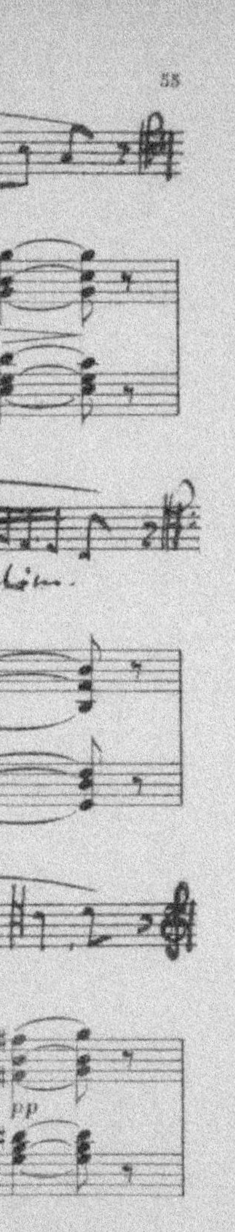

cresc.
mf
Ped.
Ped.
mf
f
f
dim.
mf
Dim.
un peu retenu
Un peu retenu.
p
p
pp
pp
Ped.
Ped.
rall. e dim.
(ad lib.) Th. Ballet
8
Rall.
pp
pp
ppp
Ped.
Ped.

CATALOGUE SPÉCIAL D'OUVRAGES

POUR

L'ENSEIGNEMENT MUSICAL

SOLFÈGES, EXERCICES, TRAITÉS, DICTIONNAIRE

MÉTHODES & ÉTUDES

Pour le PIANO, tous les INSTRUMENTS et pour le CHANT

PUBLIÉS PAR

Alphonse LEDUC, ✳ ᴏ. ᴏ ﹰᴵ, Éditeur, 3, rue de Grammont, Paris

Médaille d'or à l'Exposition Universelle de Paris 1878, pour sa Bibliothèque l'Enseignement Musical

SOLFÈGES

CHANAT frères. **Petit Solfège** ou Manuel musical des enfants, contenant 20 chants religieux et autres, mis à 1, 2 et 3 voix (format in-16), 3ᵉ édition

LEDUC (Alph.). **Solfège progressif** (format in-8°), 2ᵉ éd.

MÜLLER (L.). **Solfège pratique et théorique** à l'usage des collèges, pensionnats, séminaires, etc., contenant 60 chants à 1, 2 et 3 voix (format in-16), 10ᵉ édition (cartonné)

— **Le même solfège** avec accomp. de piano (format in-8°) Le même, cartonné

PITARCH (A.). **Petit Solfège des Enfants** (format in-8°)

RODOLPHE. **Solfège** complet, nouvelle édition, dans laquelle les leçons trop hautes ont été baissées (format in-16)

— **Le même Solfège** complet, 1 vol. in-8° Le même, cartonné

RODOLPHE. **Solfège complet**, à une voix (Nouvelle édition revue par J. Arnoud), (format in-16)

THÜRNER (A.). **Solfège ou Dictées des Rythmes** (format in-8°)

TROJELLI (A.). **Petit Solfège des écoles**, ouvrage approuvé par M. L. de Rille (format in-16)

VALENTI (A.). **Solfège** pour toutes les voix, dédié aux orphéons, écoles normales, lycées, collèges, etc. Dans ce solfège, la partie supérieure est écrite en clé de Sol, et la partie inférieure est en clé de Fa (format in-16)

    Première partie

    Deuxième partie

    Les deux parties réunies

LEÇONS DE SOLFÈGE

Exercices, Dictées, etc.

ARNOUD (J.). **160 Exercices gradués de Lecture et de Dictées musicales** *Intonation, Rythme, Tonalité*, en deux volumes (format in-16)

    1ʳᵉ Partie, 1,000 Exercices

    2ᵉ Partie, 600 Exercices

    Les deux parties réunies

— **50 Exercices d'ensemble** (format in-8°)

— **115 Leçons de Solfège** à 2 voix égales, avec Accompagnement de Piano, 1 vol. in-8°

— **Cent Leçons de Solfège** à 2 voix égales, sans Accompagnement (format in-16)

DUVERNOY (H.). **90 Leçons mélodiques de Solfège** sur toutes les clés et les mesures réunies, avec Accompagnement de Piano. Ouvrage adopté au Conservatoire National.

    1ᵉʳ Livre : 30 leçons clés de Sol, 2ᵉ et Fa, 4ᵉ lignes

    2ᵉ Livre : 40 leçons clés d'Ut, 1ʳᵉ, 2ᵉ, 3ᵉ et 4ᵉ, Fa, 3ᵉ et Sol, 1ʳᵉ lignes

    3ᵉ Livre : 20 leçons à changements de clés (Emploi des 8 clés)

    Les mêmes, sans accomp., réunis en 1 recueil (1 vol. in-16) Chaque livre séparé

— **Étude complète des intervalles**, Mineurs, Majeurs et Justes, avec Accompagnement de Piano, 1 vol. in-8°

SOLFÈGES (suite)

THÜRNER (A.). **Dictées musicales d'intonation** (format in-8°)

    Dictées des Rythmes (format in-8°)

RILLE (L. de). **Exercices de Chant**, à quatre parties, pour les orphéons et les sociétés chorales (format in-8°) Chaque partie

PLAIN-CHANT

DUVOIS (Ch.). Méthode théorique et pratique de l'Accompagnement du Plain-Chant, la plus complète et la plus claire de celles qui ont été écrites jusqu'à ce jour

    La même. Méthode élémentaire (format in-8°)

TRAITÉS

ARNOUD (J.). **Petite théorie de la Musique**, avec questionnaire

CATEL. **Traité d'Harmonie.** Nouvelle édition, très complète, et conforme à l'édition du Conservatoire (format in-16)

CLODOMIR (P.). **Manuel du Chef-Directeur des Exécutants** ou **Traité théorique et pratique** à l'usage des Musiques de l'**Fanfare et d'Harmonie**. — Cet ouvrage indispensable traite de chaque instrument, de son étendue, de son emploi, ainsi que de l'organisation et de la conduite de toutes les Musiques. Il contient la figure de tous les instruments employés dans les musiques. 1 vol. (format in-4°)

DURAND (E.). **Traité complet d'Harmonie**, 1ᵉʳ volume (format in-8°). Cet ouvrage est le plus clair et le plus complet qui ait été écrit jusqu'à ce jour. Il est en usage au Conservatoire de Paris et dans ses succursales, ainsi qu'aux Conservatoires de Belgique, de Suisse, etc.

— **Réalisations des leçons d'Harmonie**, 2ᵉ vol. (format in-8°)

— **Traité d'accompagnement au Piano**, 2ᵉ éd. (format in-8°)

— **Traité de Composition musicale** (format in-8°)

— **Abrégé du Cours d'Harmonie** (format in-8°)

— **Réalisations des Leçons de l'Abrégé** (format in-8°)

— **Théorie Musicale** (format in-8°)

RICHERT (F.). **Cours théorique et pratique de musique vocale** (3ᵉ édition), contenant un exposé analytique et raisonné des principes de l'art du Chant et un abrégé de la théorie du Plain-Chant

— **Traité élémentaire du Plain-Chant** (format in-8°)

DICTIONNAIRE

SOULLIER. **Dictionnaire complet de musique** (format in-16)

    Volumes cartonnés (format in-16), en plus net (format in-8°), en plus net

---

Pour recevoir franco, envoyer le prix indiqué.

Vient de paraître la 37ᵉ édition (120,000 exemplaires vendus) de la Célèbre Méthode de Piano d'Alphonse LEDUC.